林靜美珠寶藝術 ● LIN CHING-MEI ART OF JEWELRY

心中的花

走遍千山萬水

看遍奇花異草

才知世上最美的

是心中那朵花

珠寶與心靈

JEWELRY AND SOUL

林靜美珠寶藝術

《序》
充滿智慧的光芒

黃光男《歷史博物館館長‧前台北市立美術館館長》

在人類學習的歷程中，價值的定位是被尋求的目標，理想的實現與否，有時似乎也關係著夢境的出現。夢境有兩種現象，一種是自己突然高升了，一種是突然掉落下的。真實的人生裡，應該有夢，因為有夢，才會有理想、有動力，朝著認定的價值目標進展，人生的趣味，也就在這種不斷努力奮進的過程中與日俱增。

林靜美是個一直有夢的女性，年少時，她的夢是想成為一位藝術家，未料這個夢在她的成長歷程中，接觸到了卻又讓它擦身而過。誰又想得到，最後這個夢卻成了她生命中的一股動力，讓她日後圓了一個更大的夢——把「珠寶設計藝術化」。

林靜美從事珠寶設計工作已逾五年。在這門專精藝術的領域裡，她雖沒有受過「拜師學藝」的專業訓練，但學藝術出身的她卻有著極高的美學素養，尤其在水彩方面，她曾拜過國際級大師山崎政太郎、不破章、沈國仁、李登華……等為師，可以說在藝術的養成上林靜美確已擁有相當深厚紮實的基礎，因此她的創作作品，泛耀著藝術價值的光華。

藝術作品的呈現，往往是創作者歷經思索的過程才能完成的。思索包括了觀念的篤定和行動的實踐，這兩者的密合潛藏在藝術家的才能裡。當然，沒有經過風吹雨打，不能證明樹根的深植，沒有和煦的陽光，也不能讓枝繁葉茂，要深植必須隨歲月增長，要繁茂也要保留環境的清新。很高興林靜美雖歷經人生無情的打擊，卻能一直保有一顆純真的赤子之心，在她的創作象牙塔裡，她像苦行僧般的磨鍊自己毅力與信心，不受外務俗事所傾軋，鋪陳出她今天的成就。

事實上，美好的人生或美好的事物，都是在靜靜中進行著，尤其是藝術品的創作，沒有能在熱鬧喧譁的環境中產生，大部份都要在孤獨中默默的尋思，在閒

靜中清明心志，才能達到完美的境界。林靜美在克服紛擾環境的障礙上，做了很好的心理調適，可以說她是最不像珠寶商的珠寶設計家。

　　林靜美創業以來，一直秉持著「珠寶藝術化」的理念，來推廣她的理想，她的作品不但深具美感，同時也將女性柔美的氣質表露無遺。更難能可貴的是，林靜美為每件作品都妝點了的小詩，旣生動又浪漫，為作品譜下了最嫋娜曼妙的註腳。

　　很高興看到林靜美出版了一本這麼有藝術氣息的珠寶設計專輯，它讓珠寶設計跳出了炫耀、虛榮的感觀，它讓珠寶設計展現出充滿智慧的光芒。

SHINE OF WISDOM

BY HUANG KUAN-NAN

⟨Director of National Museum of History, Former Director of Taipei Fine Arts Museum.⟩

In the process of human being's learning, one of the objectives is the pursuit of value. Whether a dream comes true or not determines the appearance of dreams. There are two cases of dreams: one's sudden up or down. In a real life, dream is a must. Thanks to dreams, are born ideals and impulses. If one advances with a fixed objective, his pleasure in life will augment in the course of time due to continued efforts.

Lin Ching-mei is a lady who always has dreams. While young, she dreamed of becoming an artist, but in the course of her growth, this dream glided past. Yet, unexpectedly this dream is transformed into an impulse in her life,and enabled a still greater dream to come true -- the artistry of jewelry design.

Lin Ching-mei took up jewelry design over 5 years ago. In the field of this specialized art, though she did not receive special training with a teacher, yet she prossesses a profound aesthetic culture, being a student of fine arts. In the field of water color, she has been a disciple of many masters of international renown, such as Huwa Akira, Yamazaki Masataro, Shen Kuo-jen, Li Teng-hua etc. Therefore we can say, Lin Ching-mei already possessed a solid foundation in artistic cultivation, therefore her creative works shine with artistic value.

Art products can only be achieved through the thinking of the artist. Thinking comprises fixed ideas and accomplished actions. The union of the both subsists in the artist's talent. Of course, without wind and rain, the roots of a tree can not be proved deep; without warm sunshine, leaves and branches can not grow. A tree needs time to be deeply rooted, its growth demands fresh environment. Although Lin Ching-mei has known bitter experiences in her life, yet she possesses a child's heart. In the ivory tower of her ceration, like an ascetic monk, she trains her perseverance and confidence, untroubled by worldly affairs, which resulted in her achievement of today.

As a matter of fact, beautiful life and beautiful things are accomplished in silence. No objets can be produced in a riotous environment. To attain perfection, the artist should meditate in solitude and try to be lucid in silence. Lin Ching-mei is well adapted psychologically to surmount obstacles. We can say, she is a jewelry designer who resembles least a jewelry dealer. Ever since the start of her career, she has always kept in mind the idea of " jewelry artistry" in order to promote her ideal. Her works are not only beautiful but also express the tender beauty and temperament of women. What is most rare is that Lin Ching-mei's decorated each of her works with a little poem, lively and romantic, which is a delicate note for her creative works.

We are glad to see the publication of Lin Ching-mei's "Jewelry and Soul", which allows jewels to go beyond vanity and showing off and to deploy their shine of wisdom.

《自序》

珠寶與心靈

林翠美

　　在接觸珠寶之前，我從來沒想過日後會從事珠寶設計的工作，即使到現在，我仍不敢以「珠寶設計師」自居。進入珠寶這個行業，其實是非常偶然的。雖然年少時曾立志要當藝術家，但命運之神卻讓我無緣圓夢。八年前，當我還在永漢教授日文時，日本的親戚建議我，可以在課餘之暇，為他的珍珠養殖事業作推廣的工作。

　　經過了兩年多的心理調適與磨鍊，逐漸培養出我對珠寶設計的興趣，這其間為了充實珍珠常識，和美學的養成，我曾多次前往日本觀摩、拜師研習，直到我確認自己的能力足以成立工作室後，才開始大膽嘗試為客人設計珠寶。講到這裡，我不得不感謝當時鼓勵和支持我的朋友們，因為他們的信任與熱忱推薦與支持，使得我更加勇於創作，並且於八十二年底成立公司，朝珠寶設計路線經營。

　　回首這些年來走過的路，製作出的珠寶雖數以千計，但我仍深深感覺，珠寶設計是門相當深奧的學問，唯有經過無數次的嘗試、失敗與改進，才能領略其中的要領和竅門，絕非短短數年就可「出師」。另一方面，我總希望在設計珠寶時，能加進些自己心靈的感受，給予珠寶精神層次的美感。幾經思考，我決定將自己多年來的創作作品，編印成冊出版，除了做為自己摸索過程中的記錄外，也希望喜歡珠寶的人能以欣賞藝術的心情品味珠寶，並為有志從事珠寶設計工作者，開啟另一扇創作角度的門。

　　這本名為「珠寶與心靈」的集冊，收錄了我個人三百件的作品，其中別針作品佔了蠻大的篇幅，因為別針最能在於表達一個人的氣質、品味、美學，也是我近年來專注創作的原因。另外，在大部份主要作品旁，都附有一則簡短的詩句，這一方面是詮釋該作品的情感。當然，最主要的目的是希望，喜歡珠寶的人能忘記

珠寶是「珠寶」，而改用欣賞藝術品，甚至心靈作品的角度來體會珠寶的美，同時將配戴珠寶視為表達個人品味、風格和美學等精神層次的象徵。尚此，特別感謝我的老師鍾楊壽美、侯王淑昭女士、唐健風先生及作文字珠璣的徐卉卉、張承俐小姐，與許多陪伴、協助我成長的朋友們，讓這本文采並茂的專書能夠順利出版。

「珠寶藝術化」是我從事珠寶創作多年，自我期許的理想，也希望藉由這本書，能讓更多的同好與我分享這份理想，當然，也希望這本書的發行能幫助一些需要關懷的孩子們。當然，更誠摯地期待您的批評和指教。

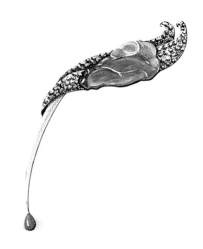

JEWELRY AND SOUL

BY LIN CHING-MEI

Before coming into contact with jewels, I never dreamed of taking up jewelry design. Even now, I dare not consider myself a jewelry designer. As a matter of fact, this career of mine is very accidental. Although I wished to become an artist when I was young, yet Providence did not allow my dream to come true. Eight years ago, when I was teaching Japanese at Yong Han Institute, a relative of mine who is engaged in pearls of culture in Japan invited me to occupy myself with the promotion of pearls of culture during my leisure hours. After 2 years' training and mental preparation, I gradually become interested in jewelry design. Meanwhile, in order to enrich my general knowledge about jewels and develop my sense of aesthetics, I went several times to Japan to observe and study. I began to try to design jewels for my clients only after considering myself capable of establishing a work shop. I'm really grateful to the friends who encouraged and supported me, which made me brave enough to create and establish my jewelry company at the end of 1993.

Although I designed thousands of jewels, I deeply believe that jewel design is a profound science. In order to grasp the secret of this science, one has to go through numerous failures and improvements. On the other hand, while designing the jewels, I always hope to instill my personal feelings therein in order to elevate spiritually their aesthetic level. Therefore I decided to publish my designs in book form. This will be a landmark in the process of my creation and I also hope that thanks to this book, jewel lovers will savour jewels as if they were appreciating an objets. Furthermore this book will be a key to open a door for those who wish to be engaged in jewelry design.

This book is entitled "Jewelry and Soul" which contains 300 works of my creation. Most of them are broaches, which allow better development of ideas and shapes, and attract most of my attention. On the other hand, most of the works are accompanied by a short poem which annoatates their feelings and is also a prolongation of imagination.

Of course, the main purpose of the peoms is to make jewel lovers forget that jewel is "only" jewel, appreciate the beauty of jewels and enjoy the beauty of jewels as if they were enjoying artistic and mental works and consider jewel-wearing as a spiritual symbol of the expression of personal taste, style and idea.

I particularly thank my teachers Mrs. Yamaza Ki Ma Sa Ta Ro, Mrs. Ho Wang Shu-chau, and Mr. Tang Cheng-fung, also thank Miss Shu Huei-huei and Miss Chang Cheng-li for the finishing touches of this book, and many friends those who have helped for the publication of this beautiful book and the illustrations.

"Jewelry artistry" is my ideal, I hope that this book will enable more jewelry lovers to share my ideals. Of course, I sincerely welcome your critics.

《目　錄》

母 親 的 最 愛

珍　珠

　　珍珠是所有寶石中，少數不屬於礦石，且不需經過任何人工切割、琢磨，即可散發出迷人的光澤的珠寶，數千年來，一直深受人們喜愛，特別是在十字軍東征後歐洲皇室貴族興起一股「珍珠熱」，爭相採用珍珠裝飾皇冠首飾、衣服、皮包……，更大大提升了珍珠高貴的形象。

　　雖然拜科學養殖技術所賜，質美渾圓的珍珠大量問世，但人們對珍珠的喜愛卻不曾稍減，不僅是社交場合中最受仕女歡迎的首飾，同時也是政治人物柔化形象的最佳配飾，前英國首相佘契爾夫人即是最佳典範。

　　珍珠固然不若鑽石燦爛、不若翡翠耀眼，也比不上紅藍寶石的華麗，但是她獨特的溫柔與含蓄，在任何場合中佩戴也不會顯得突兀失禮。如同母親哺育子女，一顆珍珠的醞育成長，必須忍受長久的痛楚與煎辛，才能展現傲人的光澤，無怪乎有人說：「只有母親最瞭解珍珠的心，而唯有珍珠的美能與母親聖潔的光輝相匹配。」

　　子女是母親的「掌上明珠」，母親的最愛是珍珠，當然也是再自然不過的。

巧合

是什麼樣的巧合

讓你我停佇在這根枝椏上？

是天邊的一抹彩霞

是林間的一縷清風

還是我們有著共同渴望休憩的願望？

沈默是你的答案

因為只消片刻

你就會展翅

飛向林間深處

而我只能期待

另一次的巧合

18K金　鑽石　翠玉　南洋珠

心中的珍珠

白雲的淚
是垂落海面的雨絲
雨絲的淚
是翻湧海面的浪花
浪花的淚
是閃耀天邊的星星
你的淚
是珍藏我心的珍珠

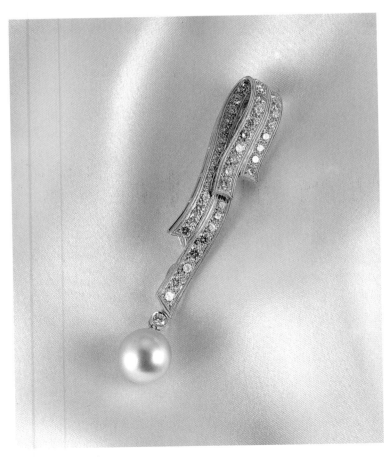

18K金　鑽石　南洋珠

獨唱

花朵盛開

陽光燦爛的讚美

雲朵飛舞

微風溫柔的鼓掌

整個夏季

它是唯一的男高音

它不停的唱

忘情的唱

唱得枝頭樹葉

由綠漸黃

由黃轉紅

霎時火紅的山谷

傳出歡聲雷動的滿堂采

18K金　鑽石　南洋變形珠

紫陽花

三月的櫻花

飄落地面

經過四月雨水的滋潤

變成淡紫色的紫陽花

一點點綻放

她雨中的容顏

吸引著愛花人

雙雙撐著傘

隔著雨幕

享受

蟬鳴之前的最後溫柔

18K金　鑽石　南洋裸形珠　南洋珠　翠玉

18K金　鑽石　黑瑪瑙　紅寶　碧璽　南洋變形珠　南洋珠　水晶

仰望星辰

黯淡的心靈

猶如子夜垂掛的簾幕

渴望擷取一道

穿越時空的銀色光芒

而遙遠的宇宙

果真以繁星點點

回報衷心的祈禱

上帝

我用仰望星辰的心情

渴望你的容顏

18K金　鑽石　南洋變形珠　黑瑪瑙　水晶

在月光下戲水

夜幕低垂

隱去白天的喧嘩

一襲晚風

吹動水面

銀色的波光

我的她

高興得拍動翅膀

叫醒了

滿天星星的眼睛

18K金　鑽石　南洋變形珠　翠玉　黑瑪瑙

春天的小鳥

春日裡　花木扶疏
微風輕盪　搖曳生姿
看得枝頭停佇的鳥兒
也忍不住引吭高鳴　呼朋引伴
同享這一片春色

18K金　鑽石　南洋變形珠

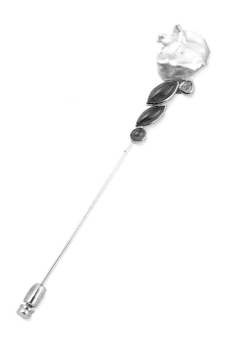

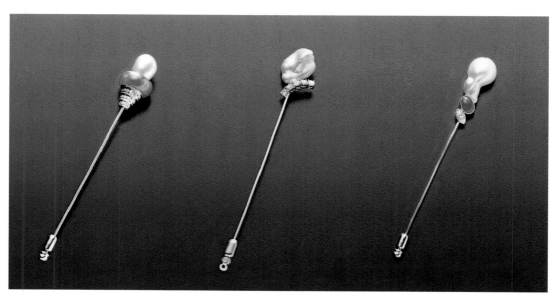

18K金　鑽石　南洋珠　南洋變形珠　翠玉　馬眼鑽

快樂的提琴手

他從來不是

交響樂團中的首席提琴手

也未曾加入

任何一個四人樂團

但是他還是每天

拉琴給鄰家的小孩聽

他很快樂

因為他得到最真誠的喝采

18K金　鑽石　南洋珠

花舞

用半個春季

妝扮一世的容顏

等待

四月的風吹起自由的樂曲

粉紅色的身影

就紛紛在空中迴旋曼舞

緩緩投向大地

她的美

是爲了這首短短的舞曲

這時的她

最美

18K金　鑽石　翠玉　珍珠

18K金　梯鑽　圓鑽　珍珠

18K金　鑽石　南洋變形珠

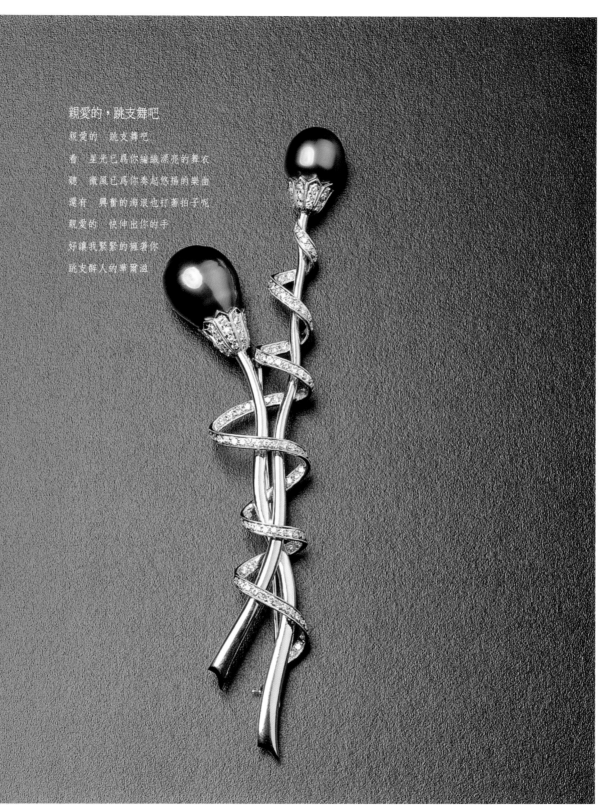

親愛的，跳支舞吧

親愛的　跳支舞吧

看　星光已為你編織漂亮的舞衣

聽　微風已為你奏起悠揚的樂曲

還有　興奮的海浪也打著拍子呢

親愛的　快伸出你的手

好讓我緊緊的擁著你

跳支醉人的華爾滋

18K金　鑽石　大溪地黑珍珠

茶香

每次你來　總是在冬夜

就是爲了享受一壺清香的茶

甘冒風雪的嚴寒

今年的雪已下了三場

壺裡的水　也滾了一遍又一遍

你沒來

屋裡不聞茶香

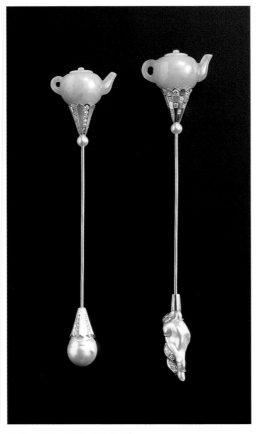

18K金　鑽石　翠玉　南洋變形珠

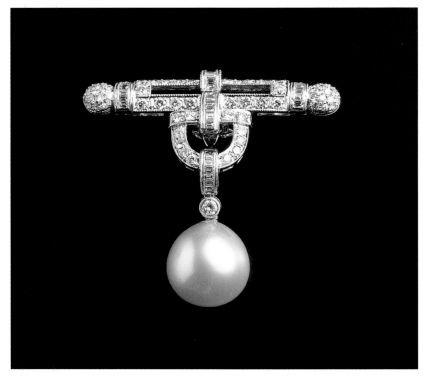

歸隱
十年風霜兩鬢白
落拓江湖獨憔悴
不如
一壺酒　一卷軸
與古人對談
朝沐晨風
夕數彩霞
與天地契合

18K金　鑽石　南洋珠

蝴蝶結

它是隻穿梭在

有情人之間的蝴蝶

來來回回

傳遞秘密的心聲

當她展開翅膀時

獻給人們歡樂

當她收起翅膀時

盼望人們知足

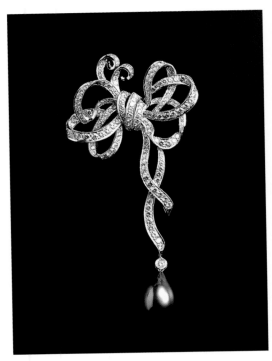

18K金　鑽石　黑珍珠

18K金　鑽石　南洋珠

蝶變

未蛻化的身軀

早已模擬筆直的伸展

未羽化的翅膀

早已演練飛翔的振動

她的心不再冬眠

是顆驛動的心

渴求自由

想望飛翔

蔚藍是她的天堂

黛綠是她的花園

她的心

等待春雷響起

復甦

18K金　鑽石　碧璽

18K金　鑽石　南洋珠

迷戀吉它的音樂家

他的苦　他的悲

只向懷中的吉它說

他的情　他的愛

只向手中的吉它唱

吉它了解它

他卻不了解吉它

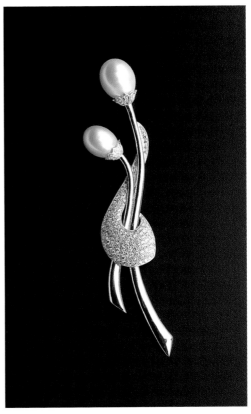

李白的月亮

閣上長長的落地窗

想要掩住初秋入晚的寒意

一輪大大的月亮忽然懸在半空

灑進了滿室銀光

秋夜北緯五十五度

月亮出奇的大

出奇的亮

失了神的我

就這樣看了一晚

然後在日記簿上寫下──

「我看到李白的月亮」

18K金　鑽石　南洋珠

18K金　鑽石　南洋珠

花兒流淚了

花兒流淚了

只因爲她的美麗只有自己知道

花兒流淚了

只因爲春天的脚步悄悄地走遠

花兒的淚是顆晶瑩的珍珠

是無悔激情的結晶

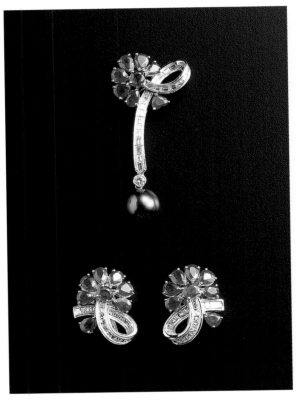

18K金　鑽石　紅寶　大溪地黑珍珠

18K金　鑽石　藍寶　南洋珠　珍珠

18K金　鑽石　翠玉　南洋珠

玫瑰的領悟
她曾是園中
最美麗的花朵
卻因全身掛滿銳利的刺
讓人不敢攀折
於是她成爲花季中僅存
最寂寞的花朵
直到最後一片花瓣落地
她才發覺
原來
銳利的刺可以收起來

18K金　鑽石　珊瑚　黑瑪瑙

18K金　鑽石　翠玉　珍珠

中 國 人 的 吉 祥 物

玉

　中國古代的文人墨客，總喜歡拿玉的溫潤柔美，形容君子的美德；再加上人們深信，玉具有神奇的避邪護身功能，以致玉成為中國人心中根深蒂固的最愛。

　中國人酷愛玉石，但玉只是對一般美石的統稱，所謂「古玉」，除了大部份是屬於軟玉外，還包括石髓、蛇文石等其他寶石，至於近代自緬甸傳入的玉為「硬玉」，其中綠色透明的翠玉，因為清朝的慈禧太后鍾愛非常，被人稱為「皇家玉」，市場上最為搶手。

　「翡翠」是對硬玉最高品質的通稱。必須是顏色明亮均勻、質地堅硬純淨、透明度高的硬玉，才稱得上是「翡翠」。近年來，由於亞洲經濟蓬勃成長，華人消費實力大增，使得玉市行情看漲，翡翠更是成為拍賣會上最受矚目的搶手貨。

　大部份的寶石都是以重量（克拉）計價，但目前玉的計價標準仍以外形大小、厚薄，以及造型雕工為主，並沒有絕對的數字標準。因此玉的好壞，似乎多由個人喜好而決定，這也是它特別迷人的地方，當然，如果再經由珠寶設計師的巧妙設計，身價自然不同凡響。

另一種愛情

有一種愛情　是綠色的

它沒有激情的渴望

卻有真心的了解

它沒有金石般的盟約

卻有山水般的自由

這種愛情　也算地久天長

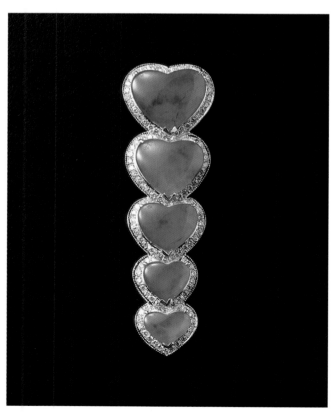

18K金　鑽石　翠玉

最後的玫瑰

念當年

獨享枝頭一枝春

紅豔羨煞東風

待青山漸遠

白雪飄零

才知繁華如夢

夢既遠

何不如芳草萋萋

任天地遼闊

自在開落

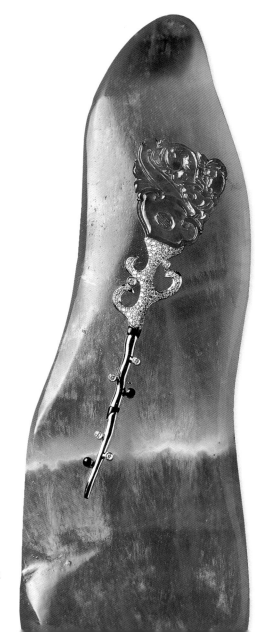

18K金　鑽石　黑瑪瑙　翠玉

冰凍的心

連天的白雪

冰凍著

我愛人的心

冷冽而蒼白

但願我能

在她心底點燃一根

小小的燭火

只需等到

大地舖滿綠色的絨毯

我愛人的心

便會燃燒成

紅通通的

火焰

18K金　鑽石　紅寶　翠玉　水晶　黑瑪瑙

穿越時空

說是為了
一償前世未了的緣
你不惜
和我在今世相逢

說是為了
信守今生許下的諾言
我不惜
穿越時空
找回前世遺忘的記憶

18K金　鑽石　翠玉　水晶

大樹的驕傲

葉子忍受日曬煎熬

默默製造養分

花朵接收葉子奉獻

享受盛開榮耀

大樹的驕傲

在於葉子用盡痛苦

換取花朵的嬌豔

大樹卻不曾因葉子太多

而傾倒

18K金　鑽石　翠玉

樹根的熱戀

這是場

看不見也聽不見的愛情劇

在每棵大樹下默默上演

他

用愛戀如火焰般的手臂

緊緊圈住每一粒塵土

用饑渴如野獸般的唇舌

盡情吸吮每一滴蜜汁

無盡糾結　無止纏綿

日出　日落

世世　代代

依依不捨

露珠和葉子相互依偎

談了一整晚的戀愛

太陽公公卻不解風情　早早升起

於是

露珠必須憂傷離去

葉子必須送別愛人

葉子說：

「你會再回來嗎？」

露珠說：

「我將落入土中，然後重回你懷抱。」

雖然不久相逢

他們仍是

依依不捨

依依不捨

18K金　鑽石　翠玉

愛情的酒

要不是愛情的酒太甜美
我又怎會
淺嘗後不能自己

要不是
愛情的酒太濃烈
我又怎會
一杯飲盡便醉了

要不是
愛情的酒太傷身
我又怎會
千杯酒力不敢輕嘗

18K金　鑽石　翠玉

淘氣的蜻蜓

蜻蜓是個四處遊蕩的美少年

總愛在黃昏日落前

拜訪心戀多時的水姑娘

而水姑娘總是還以矜持　沈靜

急得蜻蜓來回飛翔　低迴

最後忍不住了

就快速地在水姑娘臉上偷吻一下

羞得水姑娘心海生波

久久不能平復

18K金　鑽石　翠玉

18K金　方鑽　圓鑽　黑瑪瑙　紅寶　藍寶　黃寶　祖母綠

18K金　鑽石　翠玉　珍珠　綠寶　藍寶　南洋變形珠　水晶

18K金　鑽石　翠玉　紅寶　水晶

圓的聯想

彈奏一段音符
釋放胸中的情懷
撥動一串念珠
悟得永生的禪機
了結一段情緣
求得人世的圓滿

18K金 鑽石 翠玉 碧璽 水晶

18K金　鑽石　藍寶　翠玉

環環相扣

不經世事的年輕

卻執著於

探因果

問輪迴

直至時光流轉

紅塵一回

嘗盡人世悲歡

與浮沈

方知

世事聚合

原繫乎情

然後領悟

生命終究環環相扣

18K金　鑽石　翠玉

掛念

想你的心情

是垂掛水面的楊柳

妳的一響

你的一笑

像是陣陣無由的風

牽動我散亂的柳條

而我對你的思念

就像柳葉撥弄水面的漣漪

直向湖心

不曾平息

18K金　鑽石　翠玉　紅寶

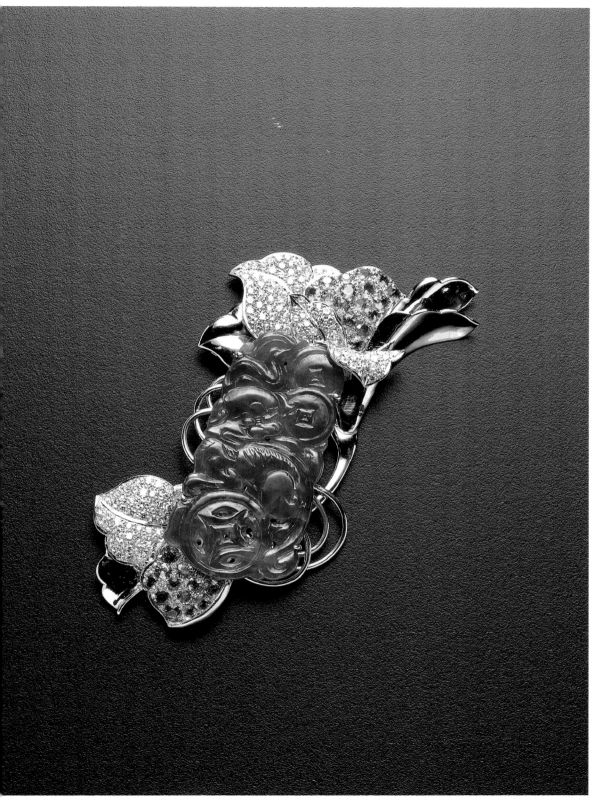

18K金　鑽石　翠玉　黃寶

我要的不多

給我一段距離
好讓我能有更好的視野
欣賞你的美

給我一些空間
好讓我能有更敏銳的觸覺
體會你的溫柔

給我一點時間
好讓我重整紊亂的思緒
品嘗你的眞情

18K金　鑽石　翠玉　　　18K金　鑽石　翠玉

仙人掌花

它是朵開在沙漠裡

紅色的仙人掌花

沒有豐沛的雨水滋潤

也沒有溫暖的和風吹拂

它還是努力地開出

最耀眼的花瓣

沒有蜂蝶的歡舞讚嘆

也沒有旅人的眼光佇留

它依然驕傲地展現

最優雅的風姿

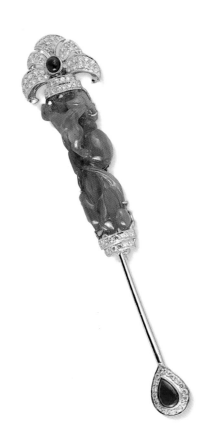

18K金　鑽石　翠玉　紅寶　藍寶

水仙花

謝絕陽光的呵護

放棄土壤的憐憫

她只要一盆清澈的水

和一段耐心的等待

就能在最冷的冬季

靜靜的吐出優美的花瓣

盛開的她

並沒有昂然的抬起頭

反而更謙虛的彎下了身

默默的感謝

一盆清水真誠的付出

18K金　鑽石　翠玉　藍寶　綠寶　南洋珠

天秤的苦惱

他總是苦惱不安

因為他有雙敏感的手臂

日夜搖晃不定

人們說黃金是萬靈丹

於是讓黃金坐上他的左臂

但是黃金太沈重

無論放什麼東西在右臂

都無法令他平衡

人們說愛情是萬靈藥

於是讓愛情坐上它的左臂

但是愛情太輕

即使右臂放一根羽毛

也會令他傾斜

他百思不解

帶著疲憊的身心問上帝——

為什麼我總是不能平衡？

上帝憐憫的說——

如果你的雙臂沒有任何東西

又怎會搖晃不定？

18K金　方鑽　圓鑽　翠玉

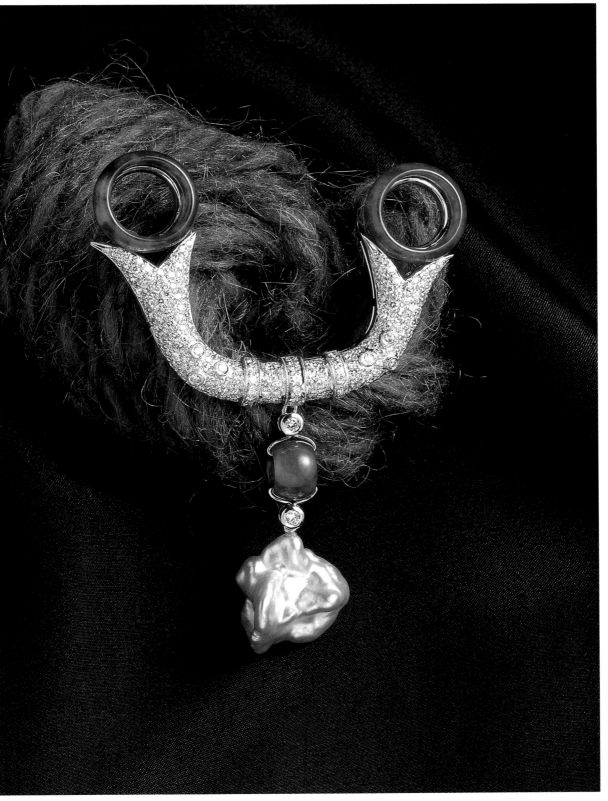

18K金　鑽石　翠玉　南洋變形珠

18K金　鑽石　翠玉　藍寶　綠寶　黑瑪瑙

人魚對看

我看魚兒在水中

迴旋游移

多麼自在

願將此身換魚兒

水晶宮裡

忘卻塵世紛擾

我見人兒在池邊

垂釣吟詩

多麼如意

願將此身換人兒

花花世界

盡享人世歡娛

有色寶石

　　除了鑽石以外，任何具有色彩的寶石都可稱為有色寶石，常見的有紅寶、藍寶、祖母綠、碧璽、蛋白石、水晶……等，這些寶石由於色彩亮麗，顏色多樣化，不僅消費者愈來愈喜愛，也深獲珠寶設計師的青睞。

　　概括而言，有色寶石的價格遠落於鑽石之後，而且不像鑽石已發展出一套嚴格的評定制度，買賣間的價格有一定市場行情；此外，有色寶石的好壞是以色彩美麗為最大前提，而這項認定卻往往因個人喜好而失之主觀，因此，有色寶石的市價總予人混亂的印象。

　　有色寶石多樣化的色彩與氣質，為珠寶設計師提供了廣大的想像空間，無論是作為主石，或作為色彩搭配，都能展現每件珠寶作品獨特的美感。但須注意，有色寶石種類繁多，各有其不同的特性與物理性質，在設計製作或佩戴保養時，都必須將這些因素納入考慮，絕不能以對待鑽石的方式處理。就拿最受西方人喜愛的祖母綠來說，很容易因不當碰撞或高溫而破裂，因此在設計時必須考慮其保護性。

彩雲仙子

它像是

晚霞不經意散落凡間

的一片彩雲

在樹叢間翩然飛舞

輕盈曼妙

花朵兒紛紛仰起頭來

等候一親芳澤

深怕黃昏近了

就把它給帶回天上

18K金　鑽石　南洋變形珠　紅寶　黃寶　翠玉　彩鑽

18K金　鑽石　南洋襲形珠　紅寶　黃寶　祖母綠　藍寶

向日葵
太陽
是她們的偶像
爲了一睹巨星風采
個個踮起腳尖
抬頭觀賞他的演出
等到落幕人散
僵直的脖子
才垂下來休息

18K金　鑽石　翠玉　珍珠

竹

不羨冬梅吐清香

莫想秋菊傲霜骨

但學青竹節節昇

常懷綠意年年新

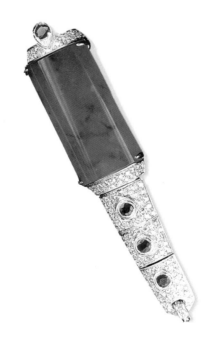

18K金　鑽石　翠玉　紅寶

花雨

雨停了

天空就洗去陰霾

換張亮麗的臉

微笑

花瓣上的露珠兒想了想

決定帶著一身清香

愉快地奔向

青青的草地

於是花叢下

又落起一陣陣

帶著香味的

花雨

18K金　方鑽　紅寶　大溪地黑珍珠

18K金　方鑽　珍珠　蛋白石　南洋珠

眞理之光

什麼是眞理之光？
　　科學家說——
它使法則回歸眞實
　　宗教家說——
它令人心追求至善
　　藝術家說——
它讓萬物呈現美感

眞理之光在哪裡？
　　科學家說——
它在實驗報告內
　　宗教家說——
它在先知預言裡
　　藝術家說——
它在創作靈感中
　　親愛的朋友
　　你說呢？

休憩的心

她從遙遠的對岸來

卻不願說大海壯闊的波瀾

她從天的一方來

卻不願談綺麗的雲彩

此刻的她

只願靠在這小塊的岩石邊

恣意享受大地的溫柔

18K金　鑽石　藍寶　祖母綠

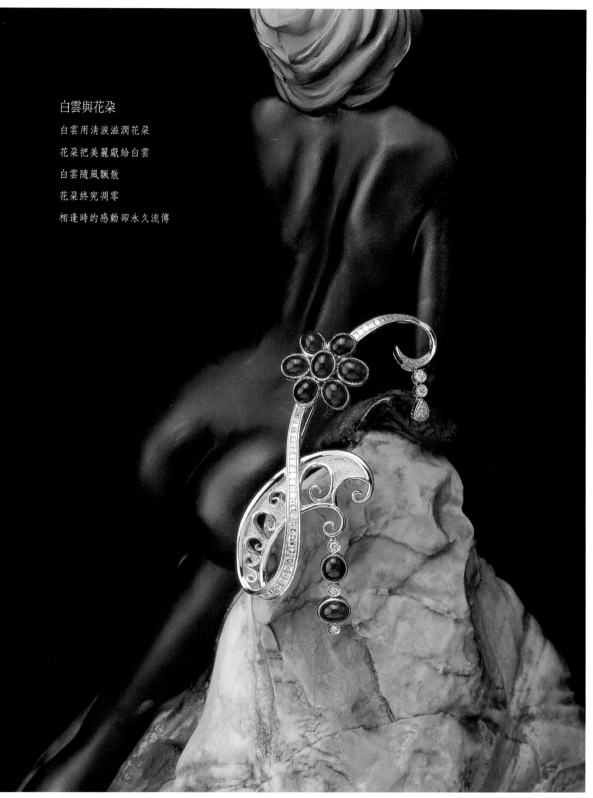

白雲與花朵

白雲用清淚滋潤花朵

花朵把美麗獻給白雲

白雲隨風飄散

花朵終究凋零

相逢時的感動卻永久流傳

18K金　鑽石　藍寶

《後記》

我的珠寶設計

林錦美

　　雖然我受過完整的美術基礎教育，但是真正踏入珠寶設計這一行後，才驚覺這原來是一門完全不同領域的藝術。過去我所熟悉的水彩、油畫、水墨畫等，多半是講究寫實的純藝術，而珠寶設計則是著重創意與巧思，此外，它甚至還必須涉獵到珠寶學、製作工藝、金屬材料……等知識，沒有相當的時間去摸索和嘗試，是很難得心應手的。

　　不可否認的，當初我從純藝術轉入珠寶設計時，起先也面臨了相當大的心理障礙，特別是當自己看到許多大師級設計家的突出創意時，總是既羨慕又崇拜，心想：「為什麼別人能有這麼好的Idea？」而自己卻經常為了想創作出一種與眾不同的造型，反覆思索到三更半夜還輾轉難眠。

　　在「求好心切」與「讓自己更專業」的壓力下，我決定到坊間參加「珠寶設計課程」，確實地把自己的根基打得更紮實，但是問題又來了——「哪裡可以學習珠寶設計的課程？」相信，這也是國內有志從事珠寶設計工作者的共同困擾。在千挑萬選下，我選擇了國內某補習班的珠寶設計課程，但才試聽了兩堂課，我就發覺那種純粹教人「畫圖」的課程，並不能滿足自己的需求。

　　最後，我決定用「自我磨鍊」的方式，大膽嘗試「自我創作」。當然，在剛開始的那一年，確實遭受了極大的障礙，然而，珍珠給了我極大的啟示和勉勵，珍珠在蘊育過程中不也是孤獨地承受無盡的傷痛？我起步比別人晚，但是我總認為，無論做任何事，只要邁出了步伐，就不算晚。那股「不認輸」的毅力和使命感，鼓舞著我「勇往直前」，因此，我把一天當二天用，不斷畫圖、不斷修改。

　　如同其他藝術工作者，我也常面臨「理想與現實」的掙扎，碰到客戶的需求與自己設計理念不能完全吻合，尤其是與我一向鍾愛的「立體藝術珠寶」的創意相

去太遠時，我會不厭其煩的說明設計觀點，讓客戶瞭解並能欣然接受建議，我才會釋懷。最後，我和客戶都成為好朋友時，他們總是開玩笑似的取笑我太過於「完美主義」。我把每件作品都當成自己的孩子一般的珍惜疼愛，事實上，一件作品在設計過程中的孤獨與苦澀也是一種無形的煎熬。此外，還會遭遇到師傅無法完全表達我設計理念的情況發生，這個時候又必須屢次修改直到合乎要求為止。雖然經常會面對此無名的挫折，但是當一件作品栩栩如生的呈現眼前時，那種快慰是難以銘狀的，因為作品裡有愛與淚水，這種心境也只有從事創作的「苦行僧」才體會得到的。

　一路走來也將近五個年頭了，如果自己的一點心得能對有志瞭解珠寶設計的人有些助益，很願意在此提出一些我的淺見供大家參考。

　◆ 多欣賞別人作品──不要放棄觀摩任何設計師作品的機會，包括國際性珠寶展、作品發表會、專業期刊、書冊、研討會……等等。即使是件平凡的作品，你也可能從中得到啟示和靈感。多看、多記，必然會在你腦海中留下印象，激起連漪，日積月累下必能重塑你對設計的領悟力和感受力，這些無形的資產總有一天用得著。

　◆從作品中學習──一張設計圖和其成品間，必然存在著些許歧異，包括施工製作上的困難、完成品的感覺，而這些歧異絕非三言兩語可以解釋清楚，唯有靠設計者不斷從經驗中找出問題的癥結。當然，花點心思研究大師級作品的精髓，可以避免許多錯誤的機會。

　◆給作品時間──某一個概念成形後，儘量地把它放入你的草圖本中，不要急著完稿或製作，隔段時日後把它拿出來鑑賞一番，看看是否需要予以修改，如果仍

然覺得看起來「怪怪的」，不妨還是先擱著，最好能讓此概念經過一段時間的醞釀，直到形成更臻成熟的理念時，再將草圖付諸實現。記住，任何設計草圖一定要留存起來。

◆**生命的歷鍊**——「走過的必留下腳印」，從一個人的作品，便可以看出設計者的內涵。對於珠寶設計者而言，基本美學素養固然非常重要，然而作品本身是否具有「生命」，卻牽涉到設計者個人的生活歷鍊與處世經驗。我很感謝自己曾經經歷過的一切，包括婚姻、唸書、工作，雖然苦多於樂，但卻讓我對人生有更深一層的體悟，而這些意念都會在作品中自然流露出來。記得，多年前，我從日本買回來一些天然變形珠，左思右想就是不知道能做什麼，忽然有一天，我想起在日本讀書時，最愛撐著傘觀賞紫陽花，於是靈感一來，我將它們設計成一只命名為「紫陽花」的別針。

◆**以自己為師**——不論你是否幸運地擁有好老師教導，然而我總認為，世上最好的老師就是你自己。在作品還沒有公諸於「市」之前，請先問你自己喜不喜歡，如果連你自己都感動不了，怎能獲得別人的欣賞？

我的心路歷程有苦、有樂、有悲、有喜，但它卻給了我很大的思考空間和生活歷鍊，因為在每一種環境裡，我都必須面對，也學會了在任何心情下都有能找到交集，創作作品。在孤寂中擷取時空的精華，每件作品的問世，都是我的「最愛」，不渴望得到喝采，但請給我鼓勵。

五年來，我所設計的珠寶種類極多，包括鍊墜、耳環、戒指、手鍊、胸針、領夾…等，而材質方面則包括珍珠、鑽石、翡翠、紅藍寶石、祖母綠、蛋白石，以及最近開始嘗試的黑瑪瑙、水晶。對於一名珠寶設計工作者而言，在起步階段最好能嘗試各種飾品的設計，然後再從中找出某項領域專攻。就我個人來說，最初

幾年的創作範圍極廣，但最近一、兩年，我把全付的心力用在別針的設計創作上。之所以選擇別針作為專攻的項目，主要原因是發現，許多人把美學掛在牆上、放在桌上，或穿在身上、戴在手上，卻很少人注意到，別針是最能表現個人美學品味的地方。就設計上而言，別針提供設計者極大的想像空間，最能發揮造型上的創意，這些優點恰好能將我結合珠寶與藝術的理念展現出來。

美學上，別針設計的發揮空間固然很大，但相對的，它所面臨的限制也很多，例如：它戴起來是否會牢？是否會翹？是否太重？是否具有動態美？是否能隱藏住針頭？……因此，作出來的成品經過多次修改是極為平常的事。

從我的作品中，讀者不難發現，珍珠是我最常選用的寶石。由於我是做珍珠批發起家，長久以來對珍珠存有難以割捨的情懷，因此特別鍾愛以珍珠為主石，即使後來常使用其他有色寶石或鑽石，但仍喜愛將珍珠搭配其中。事實上，珍珠的色彩和光澤都非常柔合，能與任何寶石搭配而不致相衝突，而我在設計作品時，也努力將珍珠和其它寶石相融和，期待能營造出獨特優雅的風味，而結果也如同我所預料。

在別針造型方面，我個人比較偏好線條的表現，但是一般消費者剛接觸到珠寶時，大多無法接受抽象線條的造型，反而對寫實的造型較能接受，例如花、鳥、葉子等，所以設計這類型作品時，除了注意是否能表現動態美外（如：春天的小鳥），還需特別留意製作的工精不精細。寫實的作品比較討喜，但就創意而言則顯不足，於是我嘗試保留葉子寫實的部份，將樹枝轉化成弧度優美的線條（如：獨唱），或者用一片拱形的玉雕代替繁複的枝葉（如：巧合）。至於純粹用線條表現動感的作品則有「花舞」、「快樂的提琴手」、「微風中的細雨」……，都是用簡短的線條表現動態的美感。在題材方面，葉子是我相當偏愛的主題，除了

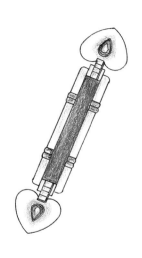

它的造型種類多且美外，它也象徵著生生不息的生命力，如「春天的腳步」、「依依不捨」……等，都是以不同的造型表現葉子的美感。

　　美麗固然是作品表現的首一要點，但作品的理念與內涵才是藝術表現的最終目的，例如「仰望星辰」系列作品中的別針，我選用黑瑪瑙象徵黑暗，用變形珠代表小孩，以兩片水晶象徵母愛的光輝，於是成為一件意念明確的作品。

　　許多人認為，只有價值高的寶石才值得設計製作，其實這種想法太過消極。要知道，一件平凡無奇的寶石若經巧思創意，可以完全改頭換面，大大提升其附加價值，否則永遠只能待在保管箱裡。以設計的「硫森湖面的水鴨」為例，當初客人拿來時，只是兩塊平凡的鴨形玉雕，我想了許久，決定用碎鑽鑲滿四周，並點綴幾顆彩色寶石，這樣原本黯淡的玉即變成光彩亮麗的墜飾。又如另一作品「穿越時空」，主石是一片水晶和一片翠玉，價錢都不貴，但讀者看到成品時，必然有「物超所值」的感覺。

　　隨著消費觀念的轉變，我也儘量配合客戶的需求，將作品朝多功能化設計，讓佩戴者能享受一物多用的樂趣。例如「女人與鏡子」這件作品，主石是塊相當厚重的方形玉，構思了許久，畫了許多設計草圖，並且和客人多次溝通，最後決定將它設計成復古的鏡子造型，鏡把部份可以隨意拆下，既可當作別針佩戴，又可當成項鍊墜飾，同時可拿在手上把玩，於是原本一塊厚重的玉變成一件極有趣味的飾品。以上所舉的例子，都證明了──設計者的創意確實可以提升珠寶的價值！其實在生活與自然中處處可見美的題材，多留心觀察，必然能發掘無盡的靈感，設計出完美的珠寶藝術作品，只要你「用心」。

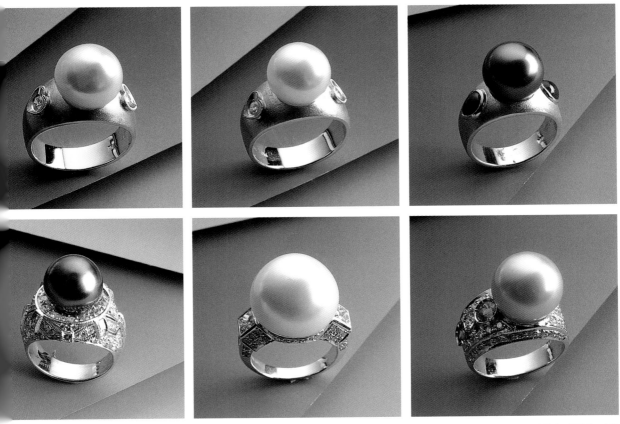

18K金　鑽石　黃寶　珍珠　南洋珠　黑珍珠　金珠

特昂貴的黑珍珠，大溪地是黑珍珠的主要產地。

前述淡水珠即爲俗稱的「第一代珍珠」，有別於純天然的珍珠——「原生代珍珠」，日本養珠、南洋珠、黑珍珠則爲有核養殖的「第二代珍珠」。至於「第三代珍珠」，指的是用蚌殼粉製成珠子核，然後在珠子表面塗上一層合成珍珠質的仿珠，其價錢自然遠比眞正的珍珠便宜許多。「第三代珍珠」的珠核與「第二代珍珠」的珠核爲相同材料，故業者標榜其爲半天然養珠，其實這是誤導消費者的說詞。

固然珍珠是由人工養殖生成，但養成過程中卻存有許許多多無法預知或控制的因素，大大影響珠子的收成和品質，即使是同一箱內的蚌所生成的珍珠，無論外形和品質都會有極大的差異。顧及珍珠的美麗性和持久性，選購珍珠時需謹記下列六大要領：

◆ 光澤——將光源照射在珍珠表面，所反射回來光的強弱，顯現出珍珠光澤的強弱。一般說來，珍珠質愈厚光澤愈強。

◆顏色——珍珠本身的顏色有許多種，包括白色、米色、綠色、黑色、金黃色……等，除了本身顏色外，許多珍珠表面還伴有暈彩，而這種暈彩往往大大提昇了該顆珍珠的價值。（例如，銀色系帶粉紅色暈彩的日本珠爲上品，而黑珍珠若帶有綠色成紅色暈彩則爲上品。）其實，顏色的分級並沒有一定的準則，而每一顆珍珠的顏色都是獨一無二的，只要是被人喜愛的顏色，都可稱作上品。

◆形狀——淡水珠所植入的核是外套膜，因此長成的珍珠都呈不規則狀，少數幾近橢圓，故形狀並非選購時的重要考慮要點。至於日本珠和南洋珠，所植入的核爲純圓形，照理說應順利長成圓形珍珠。但事實不然，由於大自然存有太多人爲無法控制的因素，如潮汐、水溫、養份……等，只有少數的蚌能生成理想

18K金　鑽石　綠寶　珍珠

渾圓的珍珠，因此也愈有價值。

◆大小──基於珍珠生長的先天限制，原則上直徑愈大的珍珠，因為生成不易，所以價格也較高，尤其尺吋超過8釐米的日本珍珠，價格更是跳升許多，而9釐米以上的珍珠更因供應變化幅度極大，使得市場上的價格巨幅波動。對於初次購買珍珠鍊的消費者，不妨從價格較穩定的8釐米以下的珍珠著手。

◆瑕疵──珍珠的表面當然愈光滑無瑕愈好，但珍珠是在自然的條件下所形成，這種完美無瑕的珍珠畢竟少之又少，價值亦相當昂貴。珍珠表面或多或少都會有小瑕疵，而由此剛好可證明它是真正的珍珠，只要這些瑕疵不會影響它的外觀或光澤，仍可算是完美的珠子。

◆厚度──這裡所提到的厚度，指的是珍珠質的厚度。一般來說，珍珠質愈厚，則光澤愈高，所以許多人喜歡用「皮光」來說明珍珠的厚薄，但許多情況是：光澤好壞與珍珠質厚薄完全沒有關係。珍珠質愈厚表示養殖的時間足夠，保存起來也愈容易，這對珍珠的價值影響極大。厚度除了可以用儀器正確側得外，一般來說還是需靠專業人員的眼力辨識。

　　以上所列的六項要領，適用於選購所有珍珠產品，但對於已經串好的珍珠項鍊而言，則需特別留意它們是否相稱。將珍珠穿成串，是項看似簡單實則困難的工作，需藉助資深專家的眼功，將珍珠依光澤、厚度、顏色、形狀、大小、瑕疵等特性詳加分級，務必要求每串珍珠在外觀和品質上均能達到整齊劃一的水準，否則將大大降低該串珍珠的價值。同樣的道理，一對相稱可作成耳環的珍珠，其價值自然高於品質相當卻無法配對的珍珠。

　　珍珠的主要成分為有機質，硬度雖只有3.0～4.0，但韌性極高，即使掉落地面也不致受損，在佩載時應避免香水或髮膠直接噴在珍珠上，最好等化好粧、噴

完髮膠、香水後再佩戴。此外，身體的汗液為酸性，若長期留在珍珠上，也會影響珍珠的光澤，所以最好的方式，是每次佩戴後，拿到水龍頭下輕輕搓洗，然後用面紙或軟布擦拭，待其乾燥後再放入收藏盒中。

　　若發現珍珠出現小斑點，可能是積存表面的污垢，可用一滴沙拉脫沾在手上用水快速搓洗，這樣即可達到清潔保養的效果。品質好的珍珠在適當保養下，光澤可長久如新。珍珠鍊若是用絲線穿成，佩戴二、三年後必須送回珠寶店重穿，若為鋼絲線則不必。

18K金　鑽石　藍寶　南洋珠

18K金　鑽石　紅寶　翠玉　綠寶　黑珍珠　南洋珠

18K金　珍珠　鑽石　南洋變形珠　南洋珠　翠玉　碧璽　蛋白石

18K金　鑽石　珍珠　翠玉

寶 石 之 王

鑽石

　　鑽石之所以深受世人喜愛，除了它的美麗光澤外，最主要的原因是它的耐久性。鑽石的硬度在摩氏硬度表中高居第十，是所有寶石中硬度最高的，而經切割後的鑽石，又能在光線照射下折射出極高的光澤，同時被人們稱為「寶石之王」。

　　從化學角度來看，鑽石是由純碳元素，以同積排列而成的結晶礦物。成份同樣是純碳的石墨和炭，由於結晶排列結構不同，則形成完全不同物理性質的礦物。鑽石中除了純碳元素外，還包含有極其微小的不同元素，而這些微量雜質元素對鑽石的顏色和淨度，具有決定性的影響。

　　如眾所皆知，四 C（CLARITY、COLOR、CUTTING、CARAT）是決定鑽石價格的四大要素，也是消費者選購時的評判依據。目前，國內交易市場上被公認為最具參考價值的分級制度是美國的GIA和比利時HRD系統。

　　影響鑽石價值的四大因素為：

◆重量──鑽石交易時的記重單位為克拉（CARAT），不同重量級數的鑽石，每克拉的價錢也不一樣。一般說來，同樣品質的鑽石，克拉數愈大，其單位價格將成倍數成長。愈大的鑽石愈稀少，價錢自然就愈高。

◆顏色──鑽石的成色，以透明無色者品質最高。美國珠寶學院（GIA）將最高級透明無色的鑽石級數定為D，然後依其程度依序訂為E、F、G、H、I……Z，而價格也隨此級數而遞減。但需注意，一旦鑽石的成色是受歡迎的特殊色，那麼，它就搖身一變成為「彩鑽」，價格的判定也就有另一套系統。彩鑽的顏色包括紅、黑、黃、綠、藍……等，由於產量稀少，近年來價格上漲許多。

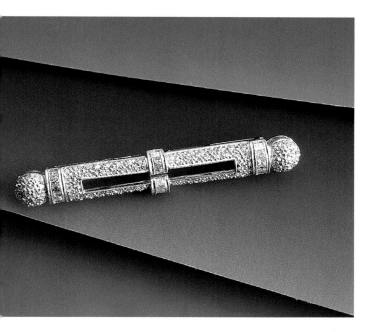

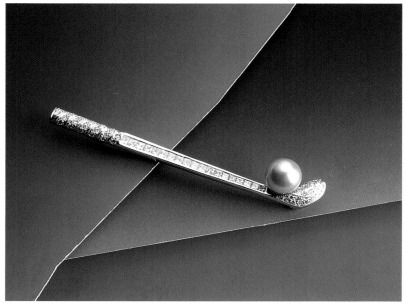

18K金　鑽石　珍珠

◆淨度──完美無瑕的鑽石，最能顯現鑽石最美的光澤，但大部份鑽石的內部或表面，或多或少都會有內含物，例如結晶體，結晶體的位置、大小、種類和顏色，都對鑽石的品質產生極大的影響。依據GIA評定鑽石淨度的制度，鑽石淨度等級共分為六大類，計11等級，最優良的級數依序為FL、IF、VVS、VS、SI、I，其詳細分級和定義說明請見【附表A】。

【附表A‧鑽石淨度等級說明表】

簡寫	全　名	中文譯名	在十倍放大觀察下 （以熟習鑽石鑑定者眼光為準）	類型
FL	FLAWLESS	純淨級	無法看到表面特徵或內含物	優質鑽石
IF	INTERNALLY FLAWLESS	內部純淨級	僅能看到微小表面特徵而無內含物	
VVS$_1$ VVS$_2$	VERY VERY SLIGHTLY INCLUDED	微微瑕疵1級 2級	非常困難看到 困難看到	
VS$_1$ VS$_2$	VERY SLIGHTLY INCLUDED	微瑕疵1級 2級	稍微困難看到 稍微容易看到	
SI$_1$ SI$_2$	SLIGHTLY INCLUDED	小瑕疵1級 2級	容易看到 容易看到，甚至肉眼隱約可見	裝飾型鑽石
I$_1$ I$_2$ I$_3$	IMPERFECT	瑕疵1級 2級 3級	肉眼可見 肉眼容易看到 工業用鑽石之界級	

18K金　鑽石

◆切割——鑽石之所以展現高度光澤，最主要的原因是經人工精密的比例切割，使其折射光能發揮極致，切割愈完美的鑽石，其光澤與價值自然會愈高，反之則愈低，一顆鑽石的切割是否優良，牽涉到切割時的各種比率，包括桌面比例、冠部角度、腰部厚度、亭部深度比例、鑽尖大小。花式鑽則另需考慮長寬比例、腰部外觀等。此外，也須留意鑽石的拋光優劣和是否對稱，而這些要素都必須靠熟練的目測技術來估計。

在所有寶石中，鑽石的物理和化學性質可說是最穩定的，但使用者千萬不可因此就疏於保養和維護。鑽石具有極高的親油性，因此表面容易積存油垢和灰塵，降低了它的光澤和顏色。一般珠寶店多半有專業清洗的機器，可定期送去清洗，若是平時的清潔，只需將其放入溶有柔性清潔液的溫水中浸泡，然後用軟毛牙刷輕輕刷洗，並用清水徹底沖洗即可。

另外需補充說明的，鑽石的硬度雖高，但作成首飾時必然是鑲嵌在K金上，而K金的硬度只有5，很容易因碰撞、溫度變化、拉扯而變形，即使是鑲嵌再牢的鑽石；經過一段時間的佩戴，也會出現鬆動，甚至掉落的情形。因此，消費者最好養成隨時檢查鑽石首飾的習慣，若發現寶石有鬆動現象，立即送到珠寶店處理，以免造成遺「鑽」之憾！

18K金　鑽石　南洋珠

熱 情 如 火 焰

紅寶石

　　美麗的寶石，總是被人們賦予神奇的力量，火紅似的紅寶石自然也不例外，相傳它可以驅邪避惡外，也代表堅貞的愛情，是七月的誕生石。

　　就化學成分而言，紅寶石屬於寶石學上的剛玉家族，由於剛玉中含有不同元素，以致顯現不同的色彩。以紅寶石而言，是由於成分中含有少量的鉻元素，而藍寶石則因含有鐵、鈦元素而呈現藍色。鑽石的硬度為十，位居所有寶石的最高級，而紅寶石的硬度為九，僅次於鑽石，目前出產紅寶石的地區有緬甸、泰國、錫蘭、非洲、印度、澳大利亞、越南⋯⋯。

　　決定紅寶石品質的要素首推顏色，顏色愈紅，色彩愈均勻、光澤愈高的紅寶石，價格也愈好。緬甸蒙哥峽谷所出產的紅寶石，色彩純紅，被市場上稱為「鴿血紅」，是紅寶石中的極品，但市場上所說的「緬甸級紅寶」，指的是它的顏色等級達「鴿血紅」，並非指一定產自緬甸。

　　為了加強紅寶石的色彩，目前所有出土的紅寶石，幾乎都有經過特殊的加熱處理，而加熱改變後的顏色可永久維持，並不會降低其品質。任何經過熱處理的紅寶石，在顯微鏡下一定無所遁形。一般沒有裂痕的紅寶石，可比造鑽石清洗方式保養，但需注意，絕對不可用水煮沸或與硼砂接觸。

18K金　鑽石　祖母綠

中 國 人 的 最 愛

玉

　　中國人愛玉，把所有美麗的石頭都稱為玉，但這些玉石以現代科學觀點來看，多數屬於蛇紋石、石髓、閃玉等礦石，而非真正的玉。

　　按法國一名科學家於一八六三發表的研究報告，真正的玉只有兩種，一種是硬度較高的輝玉，另一種則為閃玉。中國古代的玉器中，多屬於硬度較低的閃玉，其價值完全取決歷史意義，屬於「古董」的研究範疇。硬玉中所含有的元素，是造成硬玉呈現不同色彩的原因，而所謂翡翠的綠，則是由鉻元素所造成。一般所說的翡翠，是硬玉最高商品的通稱，必須是顏色明亮均勻、質地堅硬純淨、透明度高的硬玉，才可以被稱為「翡翠」。

　　玉的價值，往往因各人喜好不同而有強烈的差異，一般選購時須注意下列三項要點：

◆顏色──美玉的先決的條件是漂亮，因此色澤的好壞是首一考慮要件。深綠色的玉被視為最上等，但鮮綠色反倒受歡迎。

◆透明──愈透明的玉，感覺上較有「水」，亦較受歡迎。市面上把透明的玉稱為「玻璃種」，半透明的玉稱做「冰種」，目的是在形容該玉的透明度。

◆雕工──玉的大小，直接影響價格，但玉的造型和雕工，也會影響一塊玉的價值。硬玉的等級，目前仍缺乏一套精準的制度評定，交易場所用的術語，如深色老坑玉、金絲玉、老玉、白玉、紅玉……等，不過是色彩和質地上的大概統稱。

　　翠綠而又純淨的玉，在珠寶市場上的價格可媲美其它貴重寶石，但畢竟這類天生麗質的玉產量相當少，於是有些業者用染色的方式改變品相較差的玉，幸好已有儀器可以輕易檢視出來，讓這些染色的玉無所遁形。

18K金　鑽石　翠玉　珍珠　南洋珠

如同其它寶石，爲了增加玉的美觀，往往採用一些處理，於是產生了所謂「B貨」，即玉經由高溫、高壓下以酸液浸泡，不僅可以去除玉石內部的瑕疵，同時也可使其顏色均勻擴散，但由於它的結構已遭受破壞，訓練有素的鑑定師仍可以借重儀器而分辨出來。

18K金　鑽石　翠玉　珍珠

18K金　鑽石　翠玉　珍珠　黑瑪瑙　水晶　白瑪瑙

18K金　鑽石　翠玉

18K金　鑽石　翠玉　紅寶　水晶　珍珠

18K金　鑽石　翠玉　紅寶　水晶

18K金　鑽石　翠玉　水晶

18K金 鑽石 翠玉 紅寶 碧璽 水晶 南洋珠

【生日石對照表】

月份	出生石	象徵
1	柘榴石	堅毅、忠心
2	紫水晶	誠實、善良
3	海藍寶	剛直、沈著
4	鑽　石	永恆、幸福
5	祖母綠	美麗、負責
6	珍　珠	快樂、權貴
7	紅寶石	熱情、滿意
8	橄欖石	幸福、智慧
9	藍寶石	永恆、誠實
10	蛋白石	希望、純潔
11	黃水晶	友誼、成熟
12	土耳其石	財富、忠實、智慧

林氏珍珠開發有限公司
台北市安和路一段21巷22號1F
TEL (02)778-8121 FAX (02)778-8120

珠寶與心靈
JEWELRY AND SOUL

珠寶設計

林靜美

發行人
●
陸又雄

編輯顧問
●
唐健風・徐卉卉

文字
●
徐卉卉

詩詞
●
張承俐

攝影
●
鄒六・周宇光・林文蘭

美術規劃
●
李純慧設計工作室

出版者／淑馨出版社
台北市安和路二段65號2樓
TEL／(02) 705-7971　FAX／(02) 708-4804
郵撥／05345-775　淑馨出版社
登記證／新聞局局版台業字第2613號

電腦排版／上統電腦排版有限公司
製版／新豪華彩色製版有限公司
印刷／詠豐印刷股份有限公司
初　版／1996年4月初版一刷
定　價／780元

ISBN 957-531-497-2《精裝本》

林靜美珠寶藝術 ● LIN CHING-MEI ART OF JEWELRY